D1725534

Herzlichen Glückwunsch

zu Ihrer Entscheidung, mit diesem Tagebuch an sich zu arbeiten.

Wir wünschen Ihnen jede Menge gute Gefühle bei Ihren täglichen Absichten!

Ihre   Ihr

Das Tagebuch „Absicht-l-ich" wurde für Anwender der Mentalen Resonanz Methode konzipiert. Der Titel ist Programm! Absichten zu treffen ist gut, sie schriftlich für sich zu fixieren noch viel besser!

Das Wort „Absicht-l-ich" setzt sich wie folgt zusammen:

Absicht	—	Einen Vorsatz, eine Entscheidung treffen. Die Sicht, den Blick auf eine Möglichkeit aller Möglichkeiten richten und sich damit identifizieren = die Identifikation mit einer Realität.
l	—	Der Buchstabe „l" steht für eine wiederkehrende Schleife. Echte Absichten wiederholt man permanent. Das Unterbewusstsein hört nie auf, jede Absicht zu 100% verwirklichen zu wollen.
ich	—	Ego = ich

Über einen Zeitraum von drei Monaten führen Sie sich jeden Tag gezielt vor Augen, was Sie wirklich sein, haben und fühlen wollen. Sie beschäftigen sich mit Ihren Potenzialen sowie der damit verbundenen Auflösung Ihrer Prägungen und Muster und finden zusätzlich Raum, Ihrer Dankbarkeit über bisher Erreichtes Ausdruck zu verleihen.

Wir empfehlen Ihnen, das Tagebuch morgens, am Besten gleich nach der Meditation, zu schreiben. Nehmen Sie sich Zeit für Ihren täglichen Eintrag – Sie werden sehen, es lohnt sich!

Das Tagebuch gliedert sich in fünf unterschiedliche Rubriken:

1. Ich bin dankbar für

Zu Beginn machen Sie sich bewusst, auf welche Ereignisse Sie in der letzten Zeit dankbar zurück blicken können. Es ist wichtig zu erkennen, dass uns tagtäglich Gutes widerfährt (das nette Wort einer Kassiererin beim Bäcker, ein Auftrag, den Sie erhalten haben, ein neuer Kunde, der Geldeingang auf dem Konto, eine liebevolle Geste des Partners, die hilfsbereite Nachbarin, die mit dem Hund spazieren geht, weil Sie verhindert sind, der nette Kollege, der Ihnen einen großen Teil Arbeit abnimmt, unsere Gesundheit, die es uns möglich macht, den Tag überhaupt erst zu bewältigen usw.). Schauen Sie nicht selbstverständlich über die vermeintlich kleinen, unwichtigen Begebenheiten hinweg, honorieren Sie sie ganz bewusst mit Dankbarkeit!

Dankbarkeit ist gelebte Wertschätzung und der Schlüssel zum Erfolg. Ihre Eintragungen können sich auf den voran gegangenen Tag beziehen oder Sie tragen Ihre Notizen für diesen Abschnitt abends nach.

2. Absichten

Treffen und formulieren Sie präzise Ihre Absichten. Was haben Sie für den jeweiligen Tag geplant, was möchten Sie umsetzen und angehen? Entscheiden heißt aus Möglichkeiten wählen. Erkennen Sie wo Sie stehen und wo Sie hin möchten!
Erfolgreiche Menschen wissen, was sie wollen und entscheiden sich dafür, während erfolglose wissen, was sie nicht wollen.

3. An welchen Potenzialen und inneren Werten arbeite ich heute

Bei diesem Punkt ist es hilfreich, sich die Eintragungen zu Ihren Potenzialen (Seite 6, 7, 8 und 9) genauer anzusehen und besonderes Augenmerk darauf zu richten, welches Potenzial Sie bisher nicht erschlossen haben.
Hier wird Ihnen schnell bewusst, welche Qualität bzw. welches Potenzial Ihre Aufmerksamkeit verlangt. Ist es vielleicht die innere Sicherheit, Zufriedenheit oder Wertschätzung (auch sich selbst gegenüber)? Beobachten Sie sich den ganzen Tag. Es bieten sich bestimmt etliche Möglichkeiten, die Mentale Resonanz Methode direkt anzuwenden.

4. Wie will ich mich heute fühlen / Potenziale

Entscheiden Sie sich für Ihre Gefühle! Gehen Sie in Gedanken Ihren Tag durch. Überlegen Sie, auf welche Personen Sie treffen, in welchem emotionalen Zustand Sie sich in den unterschiedlichen Situationen befinden wollen und notieren Sie es. Falls sich bei diesen Vorstellungen Ängste oder negative Gefühle bemerkbar machen, ist dies erneut eine gute Möglichkeit sie mit der bekannten Methode zu bearbeiten und Eintragungen in dem Bereich „Welche Themen löse ich heute" vorzunehmen.

5. Welche Themen löse ich heute

Zu guter Letzt sollten Sie aufführen, welche negativen Emotionen Sie aktuell beschäftigen. Welche Situationen oder Personen erzeugen schon bei der bloßen Vorstellung daran Bauchschmerzen, welche Vorkommnisse in der Vergangenheit rufen immer noch schlechte Gefühle (Minderwertigkeit, Wut, Ängste etc.) hervor, wenn Sie daran zurück denken? Aktivieren Sie das Gefühl, suchen Sie es im Körper und lösen Sie es mit der Fünf-Schritte-Methode. Sollte dies nicht gleich beim ersten Mal gelingen, bleiben Sie dran und versuchen Sie es erneut, sobald Sie Zeit haben.

Die Mentale Resonanz Methode

Bevor es richtig los geht, erhalten Sie eine kurze Zusammenfassung über die Mentale Resonanz Methode.

Mentaltraining ist keine Esoterik. Mentaltraining beruht auf der Hirnforschung und auf den Erkenntnissen der Quantenphysik. Ralf Bihlmaier hat auf dieser Grundlage die **Mentale Resonanz Methode** entwickelt, die positives Denken überhaupt erst möglich macht.

Das Gesetz der Anziehung

Das Gesetz der Resonanz oder Anziehung ist uns allen vertraut. Im Volksmund sagt man: „Wie man in den Wald hineinruft, so schallt es heraus" oder „Gleich und Gleich gesellt sich gern" und in der Bibel „Was der Mensch sät, das wird er ernten." Das heißt, wir ziehen genau das in unser Leben, was wir durch unsere Gedanken, Einstellungen und Erwartungen aussenden bzw. ausstrahlen, denn gleiche Schwingungen ziehen sich an.

Sind wir ängstlich, sorgenvoll und negativ, ist auch die Energie (Schwingung), die wir aussenden, ängstlich, sorgenvoll und negativ. Wir ziehen damit automatisch Ereignisse an, die diesem Zustand entsprechen und erhalten täglich die Bestätigung, dass unsere Ängste und Sorgen begründet sind. Haben wir also stets unsere Probleme im Blickfeld, werden diese immer größer.

Worauf wir unsere Aufmerksamkeit und Gedanken richten, das bekommt Energie und wächst.

Die Umwelt ist gleichsam ein Spiegel. Sie zeigt uns immer nur uns selbst. Wenn sich jemand über das Verhalten eines anderen Menschen aufregt, so deutet das darauf hin, dass er selbst dieses Verhalten in sich trägt, sonst hätte er keine Resonanz, wäre folglich durchlässig.

Was wir nach außen ausstrahlen, kommt demnach wie ein Echo zu uns zurück. Aber, wie kann ich ein Echo verändern? Nur indem ich verändere, was ich aussende.

Das bedeutet, wir alleine sind die Erschaffer unserer Realität. Wir haben in jedem Moment die Möglichkeit und Macht, unserem Leben eine andere Richtung zu geben - zum Positiven wie zum Negativen. Wir können haben und sein, was immer wir wollen - sofern wir willens und in der Lage sind, unser Bewusstsein in andere Bahnen zu lenken.

Die Mentale Resonanz Methode

Wenn es stimmt, dass wir nach dem Gesetz der Anziehung mit unseren Gedanken und Überzeugungen unsere Lebenswirklichkeit selbst erschaffen, warum denken wir dann nicht einfach immer etwas Positives und sind glücklich?

Ganz einfach: Wir reagieren ständig mit Denk- und Verhaltensreflexen, sogenannten „Mustern", die durch unsere bewussten und unbewussten Erfahrungen geprägt und verfestigt sind.

Durch diese teilweise sehr alten Muster und Prägungen aus dem Unterbewusstsein werden wir „gedacht" und „gelebt" und können so niemals wirklich frei sein. Es sind unsere Gefühle, die unsere Stimmungen, Handlungen, Entscheidungen und damit letztlich unser ganzes Leben ausmachen. Der Verstand rechtfertigt und legitimiert unser Verhalten lediglich im Nachhinein.

Solange es sich um positive Gefühle handelt, werden wir nicht auf die Idee kommen, unser Leben in Frage zu stellen. Meist sind es aber negative Emotionen, die unser Glück, unsere Erfüllung und unsere Selbstbestimmung verhindern. Wir müssen ein Bewusstsein für unsere Gefühle entwickeln, um negative Prägungen und Muster löschen und mit dem, was wir wirklich wollen, „überschreiben" zu können.

Genau darum geht es bei der Mentalen Resonanz Methode von Ralf Bihlmaier. Mit dieser Fünf-Schritte-Methode lernen Sie anders zu sein, statt anders zu denken. Sie lernen, wie Sie Ihre Ängste und Blockaden für immer auflösen und Ihre tiefste innere Einstellung verändern, statt mit Ihrer Angst oder Ihren inneren Blockaden zu leben.

Die Mentale Resonanz Methode ist ein praktisches Werkzeug, das Sie Schritt für Schritt auf den Weg zu sich selbst führt.

Im Folgenden erhalten Sie eine Auflistung von 64 Potenzialen, die in der Arbeit mit der Mentalen Resonanz Methode gefunden wurden. Ihre Aufgabe besteht nun darin, dass Sie sich selbst einschätzen sollen und sich darüber klar werden, wo Sie stehen. Diese Beurteilung können Sie ständig aktualisieren, denn durch die Arbeit mit und an sich selbst, setzen Sie natürlich immer mehr Potenziale frei.
Bitte kreuzen Sie an:

1 = Ich muss mich mit diesem Potenzial befassen   5 = Ich verfüge bereits über dieses Potenzial

1. Abgrenzung „Schaut Ihr nach Euch, ich schaue nach mir"   1 2 3 4 5

2. Akzeptanz/Anerkennung, sich selbst anerkennen/akzeptieren wie man ist, sich akzeptiert fühlen   1 2 3 4 5

3. Angenommen sein, sich angenommen fühlen, sich selbst annehmen   1 2 3 4 5

4. All eins sein, sich mit allem verbunden fühlen, verbunden sein   1 2 3 4 5

5. An der Reihe sein „Jetzt bin ich dran"   1 2 3 4 5

6. Aufrichtigkeit, sich selbst gegenüber, aufrecht sein, aufrichten   1 2 3 4 5

7. Ausdruck, sich selbst ausdrücken, Ausdruck verleihen   1 2 3 4 5

8. Autark sein, eigenständig sein   1 2 3 4 5

9. Bei sich selbst sein, rein in meinen Körper, sich selbst nie wieder verlassen   1 2 3 4 5

10. Bodenständigkeit, in diesem Körper sein und mit beiden Beinen da stehen   1 2 3 4 5

11. Dabei sein, mittendrin sein   1 2 3 4 5

Die Potenziale – was will ich haben oder sein

		1	2	3	4	5
12.	Dankbarkeit	1	2	3	4	5
13.	Daseinsberechtigung, im Körper sein und da sein (dürfen)	1	2	3	4	5
14.	Demut, Mut zum Dienen	1	2	3	4	5
15.	Ehrlichkeit sich selbst gegenüber	1	2	3	4	5
16.	Einfach ich selbst sein (dürfen), ich sein wie ich bin, bedingungslos	1	2	3	4	5
17.	Erfolgreich sein „Ich habe es geschafft, hinbekommen"	1	2	3	4	5
18.	Existenzberechtigung, Lebensberechtigung	1	2	3	4	5
19.	Freiheit, frei sein, unabhängig fühlen	1	2	3	4	5
20.	Frieden, mit sich in Frieden sein	1	2	3	4	5
21.	Fülle „Es ist genügend (Leben) da, es gibt von allem genug"	1	2	3	4	5
22.	Gar nichts mehr wollen (auf Ego-Ebene), einfach sein lassen (loslassen)	1	2	3	4	5
23.	Geborgenheit, ein Gefühl von tiefer Geborgenheit	1	2	3	4	5
24.	Gelassenheit	1	2	3	4	5
25.	Genügen, sich selbst genügen	1	2	3	4	5

Die Potenziale – was will ich haben oder sein

26.	Getragen, vom Leben getragen fühlen, sich um nichts kümmern müssen	1	2	3	4	5
27.	Gewissheit, mir gewiss (sicher) sein	1	2	3	4	5
28.	Gleichgültigkeit	1	2	3	4	5
29.	Halt, innerer Halt, gehalten sein	1	2	3	4	5
30.	Klarheit	1	2	3	4	5
31.	Kraft, in meiner Kraft sein, stark sein	1	2	3	4	5
32.	Leben annehmen und lieben, Seite an Seite mit dem Leben durchs Leben gehen, einfach leben	1	2	3	4	5
33.	Lebensfreude	1	2	3	4	5
34.	Leichtigkeit, Gefühl von „durchs Leben hüpfen"	1	2	3	4	5
35.	Liebe, sich selbst und andere lieben, geliebt fühlen, geliebt sein	1	2	3	4	5
36.	Loyalität sich selbst gegenüber	1	2	3	4	5
37.	Neu geboren fühlen, alles Alte abstreifen und wie aus dem Kokon schlüpfen	1	2	3	4	5
38.	Präsenz, in diesem Körper sein und sich präsent fühlen	1	2	3	4	5
39.	Respekt, sich selbst respektieren	1	2	3	4	5

		1	2	3	4	5
40.	Ruhe, innere Ruhe empfinden	1	2	3	4	5
41.	Schöpferbewusstsein „Ich kann haben oder sein was ich wirklich bin"	1	2	3	4	5
42.	Selbstachtung , auf sich selbst achten	1	2	3	4	5
43.	Selbstbestimmung „Ich entscheide über mich und mein Leben"	1	2	3	4	5
44.	Selbstverwirklichung, sich erfüllt fühlen	1	2	3	4	5
45.	Sich selbst treu sein und sich nie wieder selbst verleumden	1	2	3	4	5
46.	Sicherheit, sich fallen lassen, nichts kann passieren, aufgefangen fühlen	1	2	3	4	5
47.	Standpunkt haben, für sich selbst einstehen, standfest sein	1	2	3	4	5
48.	Tatendrang, etwas aus dem Leben machen, Antriebskraft	1	2	3	4	5
49.	Trost, getröstet fühlen, getröstet sein	1	2	3	4	5
50.	Verankert sein, in sich verankert sein	1	2	3	4	5
51.	Verantwortung, für sich selbst verantwortlich sein	1	2	3	4	5
52.	Verletzlich sein, verletzlich machen dürfen	1	2	3	4	5
53.	Versorgt sein, für sich selbst sorgen	1	2	3	4	5

54.	Vertrauen, dem Leben trauen können „Das Leben meint es gut mit mir"	1	2	3	4	5
55.	Vertrauen, sich selbst vertrauen, sich selbst trauen können	1	2	3	4	5
56.	Vollkommen sein „An mir ist alles dran, ich bin vollständig und vollwertig"	1	2	3	4	5
57.	Von sich begeistert sein, sein eigener Fan sein	1	2	3	4	5
58.	Wertschätzung, erkennen was man zu geben hat, sich wertvoll fühlen	1	2	3	4	5
59.	Wichtig sein, sich selbst wichtig sein, der wichtigste Mensch sein	1	2	3	4	5
60.	Willkommen sein, sich willkommen fühlen	1	2	3	4	5
61.	Zu Hause sein, mich in mir zu Hause fühlen	1	2	3	4	5
62.	Zufriedenheit, mit sich selbst in Frieden sein, mit sich zufrieden sein	1	2	3	4	5
63.	Zuversicht	1	2	3	4	5
64.	Zuwendung, sich selbst (liebevoll) zuwenden	1	2	3	4	5

Meine eigenen Potenziale

Auf dieser Seite haben Sie die Möglichkeit, Ihre eigenen Potenziale aufzuführen, die in einem persönlichen Coaching oder von Ihnen selbst erarbeitet wurden. Es kann gut sein, dass sie sich im Wortlaut von den voran gegangenen Potenzialen unterscheiden. Pflegen und erweitern Sie diese Liste permanent!

Datum: . . . .

Auch der erste Schritt gehört zum Weg.

Arthur Schnitzler

Ich bin dankbar für:

Absichten:

An welchen Potenzialen und inneren Werten arbeite ich heute:

Wie will ich mich heute fühlen / Potenziale:

Welche Themen löse ich heute:

Ich bin dankbar für:

Absichten:

Datum: ....

Es ist nicht genug zu wissen, man muss es anwenden.
Es ist nicht genug zu wollen, man muss es auch tun.

Johann Wolfgang von Goethe

- -

An welchen Potenzialen und inneren Werten arbeite ich heute:

_____

_____

_____

Wie will ich mich heute fühlen / Potenziale:

_____

_____

_____

Welche Themen löse ich heute:

_____

_____

_____

_____

- -

Datum: . . . .

Das Entscheidende am Wissen ist,

dass man es beherzigt und anwendet.

Konfuzius

Ich bin dankbar für:

Absichten:

An welchen Potenzialen und inneren Werten arbeite ich heute:

Wie will ich mich heute fühlen / Potenziale:

Welche Themen löse ich heute:

Ich bin dankbar für:

_____
_____
_____
_____

Absichten:

_____
_____
_____
_____
_____

Man kann sich Vergangenes oder Zukünftiges wünschen;
aber man muss das Gegenwärtige nutzen.

Francesco Petrarca

An welchen Potenzialen und inneren Werten arbeite ich heute:

Wie will ich mich heute fühlen / Potenziale:

Welche Themen löse ich heute:

Datum: . . . .

Man kann einen Menschen nichts lehren. Man kann ihm nur helfen, es in sich selbst zu entdecken.

Galileo Galilei

Ich bin dankbar für:

Absichten:

An welchen Potenzialen und inneren Werten arbeite ich heute:

Wie will ich mich heute fühlen / Potenziale:

Welche Themen löse ich heute:

Ich bin dankbar für:

Absichten:

Datum: . . . .

*Unsere Beziehung zu einem anderen Menschen ist
so gut, wie unsere Beziehung zu uns selbst.*

Jutta Bihlmaier

An welchen Potenzialen und inneren Werten arbeite ich heute:

Wie will ich mich heute fühlen / Potenziale:

Welche Themen löse ich heute:

Datum: . . . .

Wir sind, was wir denken. Alles was wir sind, entsteht mit unseren Gedanken. Mit unseren Gedanken machen wir die Welt.

Weisheit von Buddha

Ich bin dankbar für:

Absichten:

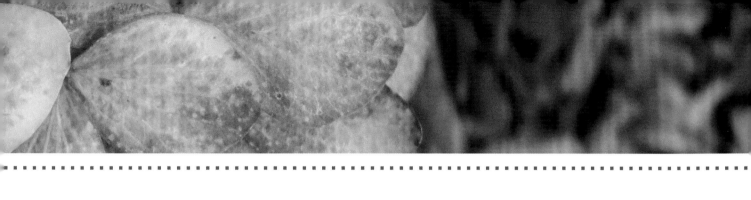

An welchen Potenzialen und inneren Werten arbeite ich heute:

Wie will ich mich heute fühlen / Potenziale:

Welche Themen löse ich heute:

Ich bin dankbar für:

Absichten:

Sich selbst zu lieben ist der Beginn einer lebenslangen Romanze.

Oscar Wilde

An welchen Potenzialen und inneren Werten arbeite ich heute:

Wie will ich mich heute fühlen / Potenziale:

Welche Themen löse ich heute:

Datum: . . . .

Mehr als auf alles andere achte auf Deine Gedanken,
denn sie bestimmen Dein Leben.

Bibel, Sprüche 4, 23

Ich bin dankbar für:

Absichten:

An welchen Potenzialen und inneren Werten arbeite ich heute:

Wie will ich mich heute fühlen / Potenziale:

Welche Themen löse ich heute:

Ich bin dankbar für:

_____

_____

_____

_____

Absichten:

_____

_____

_____

_____

_____

Datum: . . . .

Das Leben eines Menschen ist das, was seine Gedanken daraus machen.

Marc Aurel

An welchen Potenzialen und inneren Werten arbeite ich heute:

_____

_____

_____

Wie will ich mich heute fühlen / Potenziale:

_____

_____

_____

Welche Themen löse ich heute:

_____

_____

_____

_____

Datum: ....

Es ist nicht zu wenig Zeit, die wir haben, sondern es ist zuviel Zeit, die wir nicht nutzen.

Seneca

Ich bin dankbar für:

Absichten:

An welchen Potenzialen und inneren Werten arbeite ich heute:

Wie will ich mich heute fühlen / Potenziale:

Welche Themen löse ich heute:

Ich bin dankbar für:

Absichten:

Datum: . . . .

Freude ist das Leben durch einen Sonnenstrahl hindurch gesehen.

Carmen Sylva

An welchen Potenzialen und inneren Werten arbeite ich heute:

_____

_____

Wie will ich mich heute fühlen / Potenziale:

_____

_____

Welche Themen löse ich heute:

_____

_____

_____

Datum: . . . .

Wenn wir all das tun würden, was wir tun könnten,
dann würden wir uns sehr über uns selbst wundern.

Thomas Alva Edison

Ich bin dankbar für:

Absichten:

An welchen Potenzialen und inneren Werten arbeite ich heute:

Wie will ich mich heute fühlen / Potenziale:

Welche Themen löse ich heute:

Ich bin dankbar für:

Absichten:

Datum: . . . .

Das, was jemand von sich selbst denkt, bestimmt sein Schicksal.

Mark Twain

An welchen Potenzialen und inneren Werten arbeite ich heute:

Wie will ich mich heute fühlen / Potenziale:

Welche Themen löse ich heute:

Datum: . . . .

Es gibt immer etwas, auf das man sich freuen kann.

Eduard Mörike

Ich bin dankbar für:

Absichten:

An welchen Potenzialen und inneren Werten arbeite ich heute:

Wie will ich mich heute fühlen / Potenziale:

Welche Themen löse ich heute:

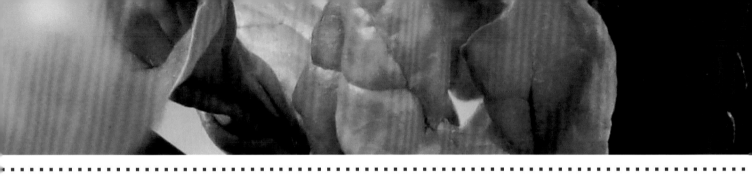

Ich bin dankbar für:

Absichten:

Datum: . . . .

Wer aufhört, besser werden zu wollen, hört auf, gut zu sein.

Marie von Ebner-Eschenbach

. . . .

An welchen Potenzialen und inneren Werten arbeite ich heute:

_____

_____

Wie will ich mich heute fühlen / Potenziale:

_____

_____

Welche Themen löse ich heute:

_____

_____

. . . .

Datum: . . . .

Jeder Augenblick, den du nutzt, ist ein Schatz, den du gewinnst.

Don Bosco

Ich bin dankbar für:

Absichten:

An welchen Potenzialen und inneren Werten arbeite ich heute:

Wie will ich mich heute fühlen / Potenziale:

Welche Themen löse ich heute:

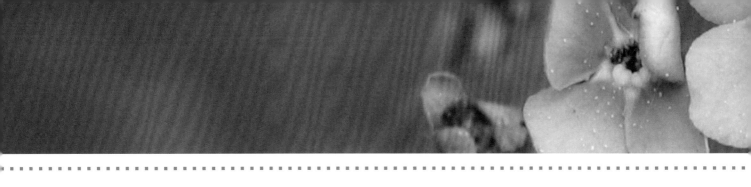

Ich bin dankbar für:

Absichten:

Datum: . . . .

Alle Liebe dieser Welt ist auf Eigenliebe gebaut.
Meister Eckhart

An welchen Potenzialen und inneren Werten arbeite ich heute:

Wie will ich mich heute fühlen / Potenziale:

Welche Themen löse ich heute:

Datum: . . . .

Es mag sein, dass wir durch das Wissen anderer gelehrter werden. Weiser werden wir nur durch uns selbst.

Michel de Montaigne

Ich bin dankbar für:

Absichten:

An welchen Potenzialen und inneren Werten arbeite ich heute:

Wie will ich mich heute fühlen / Potenziale:

Welche Themen löse ich heute:

Ich bin dankbar für:

Absichten:

Wer wagt, selbst zu denken, der wird auch selbst handeln.

Bettina von Arnim

An welchen Potenzialen und inneren Werten arbeite ich heute:

Wie will ich mich heute fühlen / Potenziale:

Welche Themen löse ich heute:

Datum: . . . .

Man kann viel, wenn man sich nur recht viel zutraut.

Wilhelm von Humboldt

Ich bin dankbar für:

Absichten:

An welchen Potenzialen und inneren Werten arbeite ich heute:

Wie will ich mich heute fühlen / Potenziale:

Welche Themen löse ich heute:

Ich bin dankbar für:

Absichten:

Datum: . . . .

Das Gestern ist fort, das Morgen nicht da. Leb' also heute!

Pythagoras

An welchen Potenzialen und inneren Werten arbeite ich heute:

_____

_____

_____

Wie will ich mich heute fühlen / Potenziale:

_____

_____

_____

Welche Themen löse ich heute:

_____

_____

_____

Wenn du helle Dinge denkst, ziehst du helle Dinge an dich heran.

Prentice Mulford

Ich bin dankbar für:

Absichten:

An welchen Potenzialen und inneren Werten arbeite ich heute:

Wie will ich mich heute fühlen / Potenziale:

Welche Themen löse ich heute:

Ich bin dankbar für:

_____

_____

_____

_____

Absichten:

_____

_____

_____

_____

_____

Datum: . . . .

Ist man in kleinen Dingen nicht geduldig, bringt man die grossen Vorhaben zum Scheitern.

Konfuzius

An welchen Potenzialen und inneren Werten arbeite ich heute:

_____

_____

_____

Wie will ich mich heute fühlen / Potenziale:

_____

_____

_____

Welche Themen löse ich heute:

_____

_____

_____

Datum: . . . .

Der gegenwärtige Augenblick ist stets voll unendlicher Schätze.

Jean Pierre de Caussade

Ich bin dankbar für:

Absichten:

An welchen Potenzialen und inneren Werten arbeite ich heute:

_____

_____

_____

Wie will ich mich heute fühlen / Potenziale:

_____

_____

_____

Welche Themen löse ich heute:

_____

_____

_____

Ich bin dankbar für:

Absichten:

Datum: . . . .

Es genügt nicht, gute geistige Anlagen zu besitzen.
Die Hauptsache ist, sie gut anzuwenden.

René Descartes

An welchen Potenzialen und inneren Werten arbeite ich heute:

Wie will ich mich heute fühlen / Potenziale:

Welche Themen löse ich heute:

Datum: ....

Unsere Aufgabe ist nicht, zu erkennen, was unklar in weiter Entfernung liegt, sondern zu tun, was klar vor uns liegt.

Thomas Carlyle

Ich bin dankbar für:

Absichten:

An welchen Potenzialen und inneren Werten arbeite ich heute:

Wie will ich mich heute fühlen / Potenziale:

Welche Themen löse ich heute:

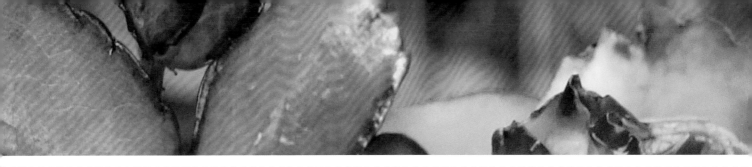

Ich bin dankbar für:

Absichten:

Datum: . . . .

Wenn du die Absicht hast, dich zu erneuern, tu es jeden Tag.

Konfuzius

An welchen Potenzialen und inneren Werten arbeite ich heute:

Wie will ich mich heute fühlen / Potenziale:

Welche Themen löse ich heute:

Datum: ....

Es bleibt einem jeden immer noch soviel Kraft,
das auszuführen, wovon er überzeugt ist.

Johann Wolfgang von Goethe

Ich bin dankbar für:

Absichten:

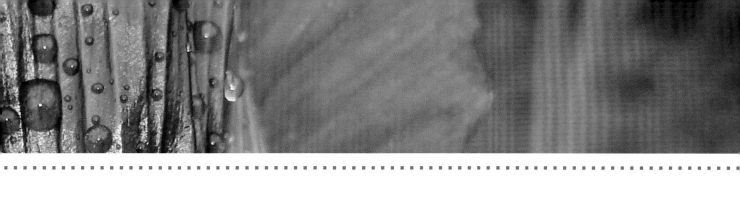

An welchen Potenzialen und inneren Werten arbeite ich heute:

Wie will ich mich heute fühlen / Potenziale:

Welche Themen löse ich heute:

Ich bin dankbar für:

_____

_____

_____

_____

_____

Absichten:

_____

_____

_____

_____

_____

_____

Datum: . . . .

Reiss deine Gedanken von deinen Problemen fort. Das ist das Beste, was der Mensch für seine Gesundheit tun kann.

An welchen Potenzialen und inneren Werten arbeite ich heute:

Wie will ich mich heute fühlen / Potenziale:

Welche Themen löse ich heute:

Datum: . . . .

Kleinigkeiten machen die Summe des Lebens aus.
Charles Dickens

Ich bin dankbar für:

Absichten:

An welchen Potenzialen und inneren Werten arbeite ich heute:

Wie will ich mich heute fühlen / Potenziale:

Welche Themen löse ich heute:

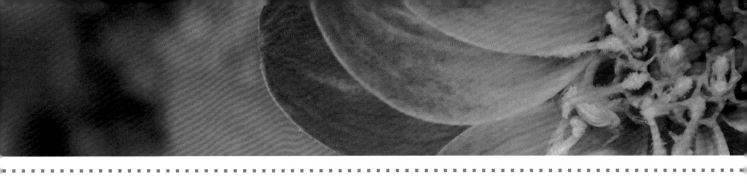

Ich bin dankbar für:

Absichten:

Datum: . . . .

Versuchen wir uns doch einmal entschieden auf die Seite des Positiven zu stellen, in jeder Sache.

Christian Morgenstern

An welchen Potenzialen und inneren Werten arbeite ich heute:

Wie will ich mich heute fühlen / Potenziale:

Welche Themen löse ich heute:

Datum: . . . .

So lang ist keine Nacht, dass endlich nicht der helle Morgen lacht.

William Shakespeare

Ich bin dankbar für:

Absichten:

An welchen Potenzialen und inneren Werten arbeite ich heute:

Wie will ich mich heute fühlen / Potenziale:

Welche Themen löse ich heute:

Ich bin dankbar für:

Absichten:

Datum: . . . .

Verbringe die Zeit nicht mit der Suche nach einem Hindernis. Vielleicht ist keines da.

Franz Kafka

An welchen Potenzialen und inneren Werten arbeite ich heute:

Wie will ich mich heute fühlen / Potenziale:

Welche Themen löse ich heute:

Datum: . . . .

Das Dasein ist köstlich, man muss nur den Mut haben, sein eigenes Leben zu führen.

Peter Rosegger

Ich bin dankbar für:

Absichten:

An welchen Potenzialen und inneren Werten arbeite ich heute:

_____

_____

_____

Wie will ich mich heute fühlen / Potenziale:

_____

_____

_____

Welche Themen löse ich heute:

_____

_____

_____

Ich bin dankbar für:

Absichten:

Datum: . . . .

Ich weiss überall in der grossen Lebenswüste
irgendeine schöne Oase zu entdecken.

Heinrich Heine

An welchen Potenzialen und inneren Werten arbeite ich heute:

Wie will ich mich heute fühlen / Potenziale:

Welche Themen löse ich heute:

Ideen sind stärker als Körperkraft.

Sophokles

Ich bin dankbar für:

Absichten:

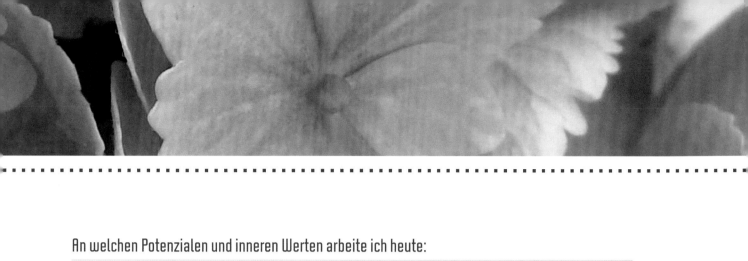

An welchen Potenzialen und inneren Werten arbeite ich heute:

Wie will ich mich heute fühlen / Potenziale:

Welche Themen löse ich heute:

Ich bin dankbar für:

Absichten:

Datum: . . . .

Toleranz ist vor allem die Erkenntnis, dass es keinen Sinn hat, sich aufzuregen.

Ambrose Bierce

An welchen Potenzialen und inneren Werten arbeite ich heute:

Wie will ich mich heute fühlen / Potenziale:

Welche Themen löse ich heute:

Datum: . . . .

Dass uns eine Sache fehlt, sollte uns nicht davon abhalten, alles andere zu geniessen.

Jane Austen

Ich bin dankbar für:

_____

_____

_____

_____

_____

Absichten:

_____

_____

_____

_____

_____

_____

_____

An welchen Potenzialen und inneren Werten arbeite ich heute:

Wie will ich mich heute fühlen / Potenziale:

Welche Themen löse ich heute:

Ich bin dankbar für:

_____

_____

_____

_____

Absichten:

_____

_____

_____

_____

_____

_____

Datum: . . . .

Das Grosse ist nicht, dies oder das zu sein, sondern man selbst zu sein.

An welchen Potenzialen und inneren Werten arbeite ich heute:

Wie will ich mich heute fühlen / Potenziale:

Welche Themen löse ich heute:

Datum: ....

Erhelle das Morgen mit dem Heute.

Elizabeth Barrett Browning

Ich bin dankbar für:

Absichten:

An welchen Potenzialen und inneren Werten arbeite ich heute:

Wie will ich mich heute fühlen / Potenziale:

Welche Themen löse ich heute:

Ich bin dankbar für:

Absichten:

Datum: . . . .

*Tu deinem Körper Gutes, damit deine
Seele Lust hat, darin zu wohnen.*

Teresa von Avila

An welchen Potenzialen und inneren Werten arbeite ich heute:

Wie will ich mich heute fühlen / Potenziale:

Welche Themen löse ich heute:

Datum: . . . .

*Wer jeden Abend sagen kann: „Ich habe gelebt", dem
bringt jeder Morgen einen neuen Gewinn.*

Seneca

Ich bin dankbar für:

Absichten:

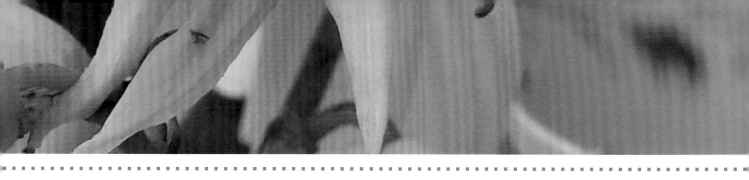

An welchen Potenzialen und inneren Werten arbeite ich heute:

Wie will ich mich heute fühlen / Potenziale:

Welche Themen löse ich heute:

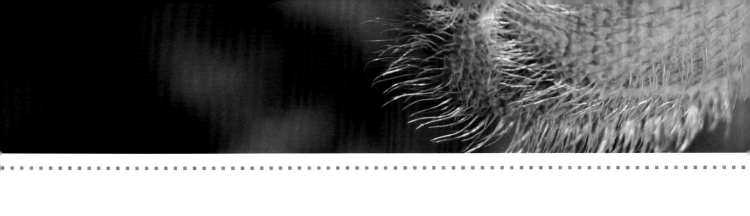

Ich bin dankbar für:

Absichten:

Der ideale Tag ist heute, wenn wir ihn dazu machen.

Horaz

An welchen Potenzialen und inneren Werten arbeite ich heute:

Wie will ich mich heute fühlen / Potenziale:

Welche Themen löse ich heute:

Datum: . . . .

Wenn es einen Glauben gibt, der Berge versetzen kann,
so ist es der Glaube an die eigene Kraft.

Marie von Ebner-Eschenbach

Ich bin dankbar für:

Absichten:

An welchen Potenzialen und inneren Werten arbeite ich heute:

Wie will ich mich heute fühlen / Potenziale:

Welche Themen löse ich heute:

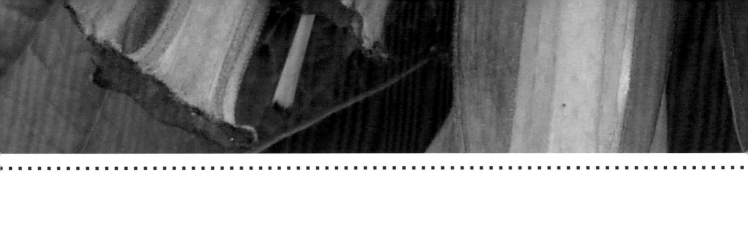

Ich bin dankbar für:

Absichten:

Datum: . . . .

Jeder Mensch soll Freude an sich selbst haben,
und glücklich, wer sie hat.

Johann Wolfgang von Goethe

An welchen Potenzialen und inneren Werten arbeite ich heute:

Wie will ich mich heute fühlen / Potenziale:

Welche Themen löse ich heute:

Datum: . . . .

Die Sonne geht unter, damit Nacht werde und Menschen sich über eine neue Morgenröte freuen können.

Johann Gottfried Herder

Ich bin dankbar für:

Absichten:

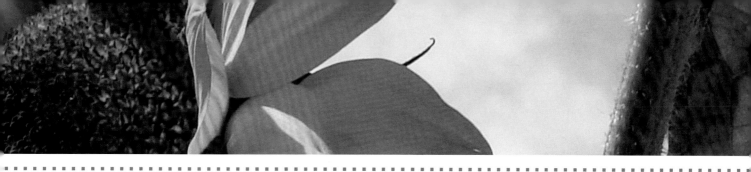

An welchen Potenzialen und inneren Werten arbeite ich heute:

Wie will ich mich heute fühlen / Potenziale:

Welche Themen löse ich heute:

Ich bin dankbar für:

Absichten:

Datum: . . . .

Der Mensch ist gerade so glücklich,
wie er sich zu sein entschliesst.

Abraham Lincoln

An welchen Potenzialen und inneren Werten arbeite ich heute:

Wie will ich mich heute fühlen / Potenziale:

Welche Themen löse ich heute:

Datum: . . . .

Ein froher Sinn ist wie der Frühling.
Er öffnet die Blüten der menschlichen Natur.

Ich bin dankbar für:

Absichten:

An welchen Potenzialen und inneren Werten arbeite ich heute:

Wie will ich mich heute fühlen / Potenziale:

Welche Themen löse ich heute:

Ich bin dankbar für:

Absichten:

Datum: . . . .

*Gedanken sind Tatsachen und alles,
was wir denken, ist Wirklichkeit.*

Prentice Mulford

An welchen Potenzialen und inneren Werten arbeite ich heute:

Wie will ich mich heute fühlen / Potenziale:

Welche Themen löse ich heute:

Datum: . . . .

Die beste Freude ist wohnen in sich selbst.

Johann Wolfgang von Goethe

Ich bin dankbar für:

Absichten:

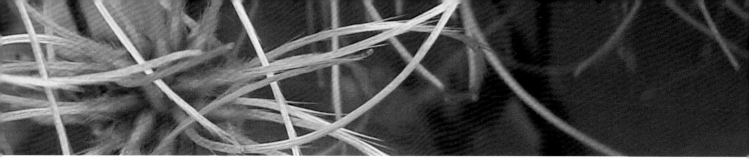

An welchen Potenzialen und inneren Werten arbeite ich heute:

Wie will ich mich heute fühlen / Potenziale:

Welche Themen löse ich heute:

Ich bin dankbar für:

Absichten:

Datum: . . . .

Vergiss nicht, man braucht nur wenig um ein glückliches Leben zu führen.

Marc Aurel

An welchen Potenzialen und inneren Werten arbeite ich heute:

Wie will ich mich heute fühlen / Potenziale:

Welche Themen löse ich heute:

Datum: . . . .

Fang an! Dadurch allein kann das Unmögliche möglich werden.

Thomas Carlyle

Ich bin dankbar für:

Absichten:

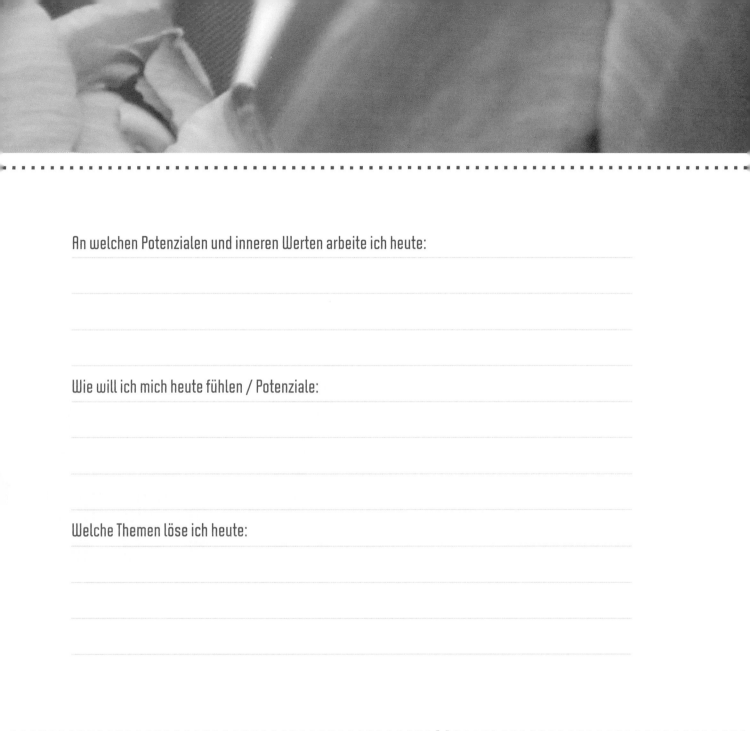

An welchen Potenzialen und inneren Werten arbeite ich heute:

Wie will ich mich heute fühlen / Potenziale:

Welche Themen löse ich heute:

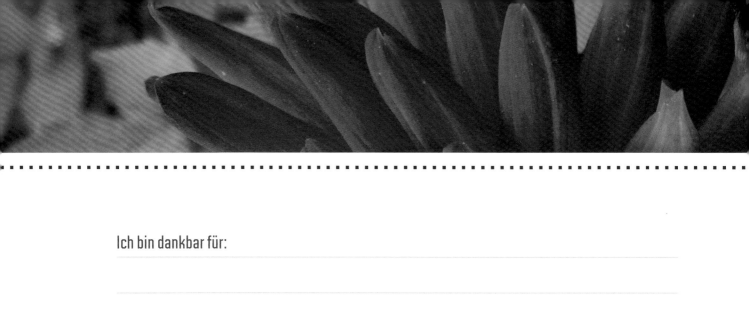

Ich bin dankbar für:

Absichten:

Datum: . . . .

In uns selbst liegen die Sterne unseres Glücks.
Heinrich Heine

An welchen Potenzialen und inneren Werten arbeite ich heute:

Wie will ich mich heute fühlen / Potenziale:

Welche Themen löse ich heute:

Datum: . . . .

Das Glück wohnt nicht im Besitze und nicht im Golde, das Glücksgefühl ist in der Seele zu Hause.

Demokrit

Ich bin dankbar für:

_____

_____

_____

_____

Absichten:

_____

_____

_____

_____

_____

_____

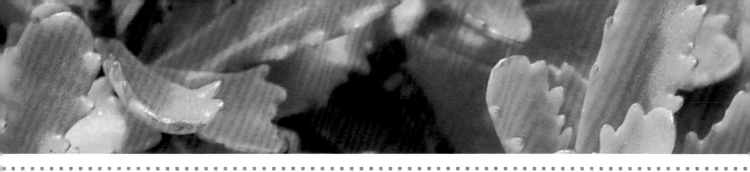

An welchen Potenzialen und inneren Werten arbeite ich heute:

Wie will ich mich heute fühlen / Potenziale:

Welche Themen löse ich heute:

Ich bin dankbar für:

_____

_____

_____

_____

Absichten:

_____

_____

_____

_____

_____

_____

Datum: . . . .

Es braucht zu allem ein Entschliessen –
selbst zum Geniessen.

Eduard Bauernfeld

An welchen Potenzialen und inneren Werten arbeite ich heute:

Wie will ich mich heute fühlen / Potenziale:

Welche Themen löse ich heute:

Datum: . . . .

Alles zu beleben ist der Zweck des Lebens.
Novalis

Ich bin dankbar für:

Absichten:

An welchen Potenzialen und inneren Werten arbeite ich heute:

Wie will ich mich heute fühlen / Potenziale:

Welche Themen löse ich heute:

Ich bin dankbar für:

_____

_____

_____

_____

Absichten:

_____

_____

_____

_____

_____

Datum: . . . .

An welchen Potenzialen und inneren Werten arbeite ich heute:

_____

_____

Wie will ich mich heute fühlen / Potenziale:

_____

_____

Welche Themen löse ich heute:

_____

_____

_____

Datum: . . . .

Nicht in fernen Zeiten verliere dich; den Augenblick ergreife, er ist dein.

William Shakespeare

Ich bin dankbar für:

Absichten:

An welchen Potenzialen und inneren Werten arbeite ich heute:

Wie will ich mich heute fühlen / Potenziale:

Welche Themen löse ich heute:

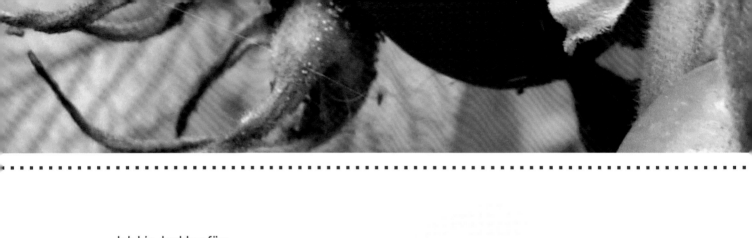

Ich bin dankbar für:

_____

_____

_____

_____

Absichten:

_____

_____

_____

_____

_____

_____

Der Weg ist das Ziel.

Konfuzius

An welchen Potenzialen und inneren Werten arbeite ich heute:

_____

_____

_____

Wie will ich mich heute fühlen / Potenziale:

_____

_____

_____

Welche Themen löse ich heute:

_____

_____

_____

Bihlmaier Mentaltraining OHG

Mental- und Persönlichkeitstraining
Postfach 48
D-74638 Waldenburg

Gebührenfrei (nur Inland) 0 800 / 79 78 76 7
Fon: +49 (0) 79 42 / 94 71 340
Fax: +49 (0) 79 42 / 94 71 344

E-Mail: info@bihlmaier-mentaltraining.de
Internet: www.bihlmaier-mentaltraining.de
www.absicht-l-ich.de